कविता संग्रह

स्पन्दन

शून्य से शून्य के मध्य

स्नेहा देव

लोकोदय ग्रन्थमाला : ग्रन्थांक 1368

ISBN 978-93-87919-24-2

स्पन्दन : शून्य से शून्य के मध्य
(कविता-संग्रह)
स्नेहा देव

प्रकाशक : भारतीय ज्ञानपीठ
18, इन्स्टीट्यूशनल एरिया, लोदी रोड, नयी दिल्ली-110 003
मुद्रक : विकास कम्प्यूटर्स एंड प्रिन्टर्स, दिल्ली-32

आवरण व साज-सज्जा : महेश्वर

Spandan : Shunya se shunya ke madhya
(Poetry-collection)
By Sneha Dev

e-mail : spandan.kavitaye@gmail.com | **instagram** : spandan_by_sneha

Published by
Bharatiya Jnanpith
18, Institutional Area, Lodi Road, New Delhi-110 003
Ph. : 011-24698417, 24626467; 23241619 (Daryaganj)
Mob. : 9350536020; e-mail : bjnanpith@gmail.com
sales@jnanpith.net; website : www.jnanpith.net

First Edition : 2019
Price : ₹450

भारतीय ज्ञानपीठ

Preface

This book is the outcome of my sheer love for inspiring soulful native language 'Hindi'. In the backdrop of our insurmountable cultural, social and historic wealth there have been many great poets who have left a vast heritage of literary treasures in Hindi and other regional languages. I see myself as an infinitesimally tiny spec of the galaxy that makes such an illuminated Universe of Poetry, Prose and verses of any kind that speaks the language of the heart for humanity.

My passion for writing poetry in 'Hindi' drew me to learn from whatever source I could lay my hands on and bowing to my inner voice, the whispers of my heart, I started my romance with Hindi words. Romance is necessary to keep the excitement, curiosity and the eternal love to feel alive and let the heartbeat sing its own music called life.

This book is a pure raw expression of my heartfelt, deep feelings and experiences. My sensitivity helps me to observe life around me. Life is so vast that the lust to enjoy again and again, we humans are willing to take re-births, I too could not retain my loyalty to any specific genre but let myself wander freely in accordance with my wandering heart. I prefer to keep my language simple and deliberately choose routine flowing average words that convey the feel and not just beautify my text. Simplicity helps to connect with others easily.

This might appear off the beat practice to some people but I do not follow any specific poet or writer. I sometimes purposely avoid reading too much with a fear of getting influenced by other styles which may result in losing the rawness, purity of my own perception. Though, I do get moved by any beautiful expression of emotions which I come across randomly time to time by any means.

It is just a beginning for an endless journey and I just hope that it has reached your heart for the time being.

I find myself blessed to be able to feel and perceive things around me on a deeper level. 'God is my friend', is the only way I perceive the supreme energy of the creator around me. I feel this positive presence around me time to time which protects me and empowers me with wisdom when I need it.

I am grateful to the people I have met in my life, in my relations, as my colleagues or friends or even total strangers whether good or bad, they inspired me at all level and today I am what I am because of the culmination of all those experiences. I am so very thankful to all people, some of which supported me with their unconditional love and also some who pulled me down and became obstacle in my journey but nonetheless all became my teachers in life. I am thankful for the bad acquaintances more as they unknowingly introduced me to the pain which has in turn made me aware of my own vulnerabilities, weaknesses, my endurance and bounce back ability and sharpened my ability to see the unjust in all forms, may it be on social level or on gender level prevalent all around us. My overbearing pain is the soil, my overflowing love is used in nurturing and now I can rejoice the harvest in the form of poems.

I wish to thank few of my beautiful, talented and amazing friends who became part of my adventure trip and contributed their precious art work to enhance the esthetic value of the book. (Credits are at the back of the book). They not only motivated me to write more often by their honest appreciation and encouragement but also pushed me to produce some amateur art work myself. One thing I wish to mention that this book purely is 'labour of love' and not any ego trip for me and therefore, I have included, by choice, the work of my creatively talented friends. We all chose to dedicate our life to build loving homes and somewhere kept our own interests on second priority. It is our mutual time now to shine after most of us devoted a big chunk of our energies for our children and home.

A very special thanks to my daughter Saumya who has been the first editor and proof reader before getting my work to be out in any public platform, and my younger sister Poonam who has been a constant source of love and unconditional support. I wish to thank the apple of my eye, my son Amay who encouraged me to be free and follow my dream. I wish to thank my parents who became my Guardian Angels for sending me invisible strength to achieve my dreams. I wish to thank my beloved husband for being a partner in the roller coaster ride called love and marriage and making me aware of different aspects of life during this whole journey.

I wish to thank my publisher, Mr. Sahu Akhilesh Jain and Publication Officer Mr. Maheshwar who have shown their faith in my dream and let me creatively be free yet helping me to refine and shape the contents along the way.

With an endless reservoir of love in my heart, I invite you all in my life and in lives around me through my writing.

One of you,

Yours Sneha

अनुक्रम

बन्द आँखों से

कोरा मन

कोरा सा मन, कोरा है दिन, और मेरा काग़ज़ भी,
लिख दूँ सुन्दर इसमें कुछ मैं, या बहा दूँ बना नाव इसकी,
धीमी धीमी लहराती पवन, मन तरंग हुई पतंग,
बहती हवा से, उलझता पानी,
झन झन, कल कल आती ध्वनि,
रेत किनारे, पत्थरों को जैसे,
सहला कर पिघलने को कहती लहर,
हर कोशिश में छोड़ जाती है छाप अपनी,
पत्थर अडिग है, लहर को ज़िद है,
न बहो संग तो क्या, चुभते किनारे तो टूटेंगे,
शायद बन पाओ तब तुम, किसी के पाँव की ठहर,
मैं भी तो बनी हूँ इसी रेत, हवा और पानी से,
मिलने से पहले इसमें फिर से,
काश कोई छाप छोड़ पाती मैं भी,
कोरा सा मन, कोरा है दिन, और मेरा काग़ज़ भी...

चित्र : दीपा स्वामीनाथन

ख़ुशगुमानी

यूँ आरज़ू को हवा दी मैंने,
की उड़ा ले चली है मेरी रूह को ऐसे,

कि आता नहीं सुकूँ जमीं पर मुझे,
और क़दम ठहरते नहीं बादलों पर मेरे...

ऐ ख़ुदा, हसरतों को देकर रवानी थोड़ी,
मेरी हस्ती को कोई तो कहानी दे दे...

कुछ तो होगा तेरे ज़हन में मेरा नक़्श,
राह दिखा कुछ, ज़िन्दगी में ज़िन्दगानी दे दे...

यूँ तो तेरी शुक्रगुज़ारी की वजह हैं बहुत,
कुछ ख़ास वजह होने की ख़ुशगुमानी दे दे...

सपनों की बारात

कितना काम हो गया, और कितना है बाक़ी अभी,
लगभग रोज़ का ही है, हमारा हिसाब किताब यही,
ऊपर से आया है त्योहारों का मौसम,
मिलने जुलने और प्यार बढ़ाने का मौसम,
मेहमान आएँगे जाएँगे, सब कुछ करना है व्यवस्थित,
थकहार कर भी ख़ुद को रखना है प्रसन्नचित...
फिर बहु के हाथों के बने लड्डू भी हैं जरूरी,
और बच्चों कि फ़रमाइशें भी तो करनी है पूरी,
बाहर भी जाना है, सामान भी लाना है,
आख़िर मेहमानों को खाली हाथ तो नही लौटाना है,
चलो तो फिर सब कामों कि लिस्ट बना लेते है,
और शुरुआत सबसे पहले सफाई से ही करते हैं...
समझ नहीं आता कि रोज इतनी मिट्टी क्यूँ आती हैं,
इसी मिट्टी से बने हैं हम, शायद यही बताती हैं,
काश कोई युक्ति ऐसी भी होती,
जिससे कभी मन-मस्तिष्क कि सफाई भी होती,
अब ये दिमाग़ है कि, हाथों से ज़्यादा चलता है,
सपने बन कर नींद में भी, आवारा टहलता है,
उफ़्फ़ फिर शुरु हो गई मेरे मन और मस्तिष्क की लड़ाई,
पर समय है कम, सो दोनों कि मत सुनों,
बस काम करो, काम करो, काम करो...

करते हुए सफाई, मिली है इक पुरानी फाइल,
खुली है फाईल अब, हैं सर्टिफिकेट और डिग्री जिसमें,
लिपटे हैं पापा के कई सपने और मेरे भी उनमें,
कुछ हसरतें भी हैं, और हैं कुछ सवाल भी,
जानती हूँ कि उठा सकते हैं, मन में ये बवाल भी,
एक बार फिर भटक गए हैं हम,
और बीते समय में अटक गए हैं हम...
घबरा के मुड़ चले थे जब,
इक सपने ने दामन पकड़ लिया तब,
और साथ आ गया लटक कर मेरे,
पूछता है की क्यूँ भुला दिया है हमें,
कभी हम भी थे तुम्हारे बहुत क़रीब और अपने,
क्यूँ भूली बैठी हो इक सपने के लिए बाकी सपने...
उठाया प्यार से, झाड़ा-पोंछा और सँवारा उसे,
सुला दिया इक बार फिर लाड़ से उसे,
इस आस में कि, कभी तो व्यवस्था बदलेगी,
और मेरे इन सपनों की बारात भी निकलेगी,
पर समय है कम, इन सब बातों में मत पड़ो,
बस काम करो, काम करो, काम करो...

चित्र : स्नेहा देव

ज़िन्दगी तुम मेरी प्रिय सहेली

रोज़ सुबह सूरज के संग, तुम भी यूँ आ जाती हो,
उठा मुझे गरम बिस्तर से, काम थमा यूँ देती हो,
फिर भी होती हूँ मैं प्रसन्न, और देती हूँ यूँ मुस्कुरा,
एक और दिया है सुन्दर दिन, जीने को तुमने ओ प्रिया...

कभी हुए दुखी तुमसे हम, कभी घंटो राह तकी हैं,
कभी भीगे हुए नयनो में भी, तुमसे आस जगी है,
तुम डटी रही हो जीवन में, और दिखलाये रुप हजारो हैं,
कभी प्रेम बनी, कर्तव्य बनी, कभी जलती रही दिया सी मैं...

हर रुप में हुए अलग अनुभव, कुछ खट्टे, कुछ मीठे
अब जाके समझे भाव तुम्हारे, और अनोखी भाषा,
अब कड़वा, मीठा, खट्टा, तीखा सभी हमें है भाता,
यदि और बचे हो कुछ रस तो, रस चखने की अभिलाषा,
अब खेलो तुम, तैयार हैं हम, और सीखे कुछ नयी परिभाषा...

अब मौज रहे शायद दुःख मे भी, और न भरम कोई सुख मे भी,
बस खेल समझ के खेलेंगे और हँसते-हँसते जी लेंगे,
तुम रोज़ लिखो एक नयी कहानी, हम किताब बन जाएँगे,
तुम आना रोज़ सुबह खिड़की से, हम ज़िन्दगी तुम्हे बुलाएँगे...

एक और मुझे दो सुन्दर दिन, जीने को तुम अब ओ प्रिया,
कभी लगती हो तुम एक सहेली, कभी उलझी हुई एक पहेली,
ज़िन्दगी रहो यूँ ही सदा संग, और फिरे साथ यूँ ही गली गली,
तुम रहो यूँ ही सदा संग, और फिरे साथ यूँ ही गली गली...

"Could you just be mine..."

If you just come with me and fly,
It's a beautiful sight from the sky...
Just leave the heaviness of the world,
And learn to undo what you have heard...
Just hold my hand and be with me,
Loosen yourself and believe in me...
Close your eyes and spread your wing,
Is what you have to do, the only thing...
When we feel tired, will rest on trees,
It will be us, not you and me....
You may strengthen yourself with a sip of my lips,
Together we may conquer, the world as it seems...
In the elixir of my love, you may bathe,
In a corner of your heart, I may rest...
If you just come with me and fly,
It's a beautiful sight from the sky...

तुम्हारा ख़्याल

ये सच है कि तुमसे है ज़्यादा
तुम्हारा ख़्याल खूबसूरत
क्यूँकि इसमें हक़ीक़त के
दाग़ों का शुमार नहीं
ढल जाता है ये मेरी पसन्द से...
घंटों बैठता है मेरे नज़दीक ये
मेरी आँखों में आँखे डाल,
पकड़ कर मेरे हाथों को
दे जाता हैं गरमाहट
ठंडी अकेली शामों में अक्सर...
मेरी उदासियों का गवाह बनके
चुपचाप रहता हैं नज़दीक मेरे
बिना किसी चाहत के, फ़रमाइश के
मेरी ख़ामोशियों से बात करता हुआ ये
दे जाता है फिर से उठने कि तमन्ना
और ज़िन्दगी की भीड़ में शामिल
होने कि हिम्मत...
कुछ भी तो नही माँगता ये मुझसे
बस शामिल रहता है मुझमें
हर जगह हर समय
हाँ ये सच है कि तुमसे है ज्यादा
तुम्हारा ख़्याल खूबसूरत...

साक्षी बोध

चेतना

चेतना के बाद, क्यूँ न हो फिर से प्रारम्भ अब,
अन्ततः कुछ तो है संकेत मेरे जीवित होने के,
घुमड़ते हैं जो कुछ हृदय में ख़ाली से,
समय असमय चिन्तन में घूमते मवाली से,
भाग्यवान है जो समय रहते सचेत हुए,
तो कैसे होगा उचित, अधर में लटके रहना,
मरी हुई शाखाएँ पकड़े, गिरने के डर से,
एक अटके हुए शव की तरह,
अन्ततः तो गिरना ही है शून्य में,
तो क्यूँ न गिर के देख लिया जाएँ
क्या पता जीवन्त हवा कुछ उड़ान ही दे दे,
कहीं उपजाऊ ज़मीन पर स्थान ही दे दे...

रिश्तों के पोथी पत्र अब भर गए हैं,
एक नयी किताब का समावेश आवश्यक है,
बरसों की थकान भरी यात्रा के बाद,
आशाएँ नयी श्वाँसों की हक़दार तो है,
फिर किसे है चिन्ता और फुर्सत दुनिया में,
क्या अन्तर पड़ेगा लोगों को,
आज नहीं तो कल यहाँ से जाना ही हैं,
तो क्यूँ समय से पहले कोई मर जाएँ,
क्यूँ नहीं एक नया आरम्भ किया जाएँ,
चेतना के बाद, फिर प्रारम्भ किया जाएँ...
चेतना के बाद, फिर प्रारम्भ किया जाएँ...

चित्र : ज्योति सिंघला

प्रतिबिम्ब

अक्सर देखा करती थी मैं खिड़की से,
गली के नुक्कड़ पे देवी माँ पर चढ़ते फूल,
हाथ जोड़ कितने भक्ति भाव से हो विभोर,
देर तक आँखें बन्द किए मूर्ति की ओर,
ना जाने क्या बुदबुदाता था वो व्यक्ति,
आसपास के लोगों को भाती थी उसकी भक्ति,
सुनती थी कभी कभी उसके गुणगान,
घर में भंडारे और कीर्तन के बखान,
फिर भी कुछ तो था जो पूरा ना था,
प्रतिबिम्ब उसका कुछ अधूरा सा था,
सोचा चलो नज़दीक जा के देखूँ तो सही,
सो चलते-चलते पीछे उसके घर पहुँच गयी,
पहली दरार गिरी थी प्रतिबिम्बित पर,
जब उसने अपनी बेटी को पुकारा,
और देर से दरवाज़ा खोले जाने पे दुत्कारा,
जिस बेटी को हँस के स्वागत करना था,
भला क्यूँ उसका व्यक्तित्व सहमा-सहमा था,
फिर हुई बिम्ब में दूसरी चटख,
उसने खाने की थाली को दिया था झटक,
ना जाने खाने में क्या कमी थी,
नमक की या प्रेम की,
शायद भूल में सुधार आ भी जाता,
पर पैसा कमाने का दम्भ कहाँ जाता,
वो प्रतिबिम्ब की आख़िरी श्वास थी शायद,
जब दिखे थे दाग़ उसकी पत्नी की चेहरे पे,
जो दे गए परिचय उसकी अभिमानी क्रूरता के,
ना जाने कितनी बार छिपाया होगा उसने दाग़ों को,
पर कैसे छिपा पाती आत्मा के नासूरी घावों को,
छिपा सकी ना जिसे होंठों पे ओढ़ी मुस्कान,
उदास आँखों ने अन्ततः कर डाला था बखान,
यूँ तो ओढ़ रखे थे शरीर पर आभूषण सोने के,
पर शायद उधार बहुत चुकाए अर्द्धांगिनी होने के,
मुड़ गयी थी मैं उस दिन उस घर से उस पल में,
प्राणहीन मनुष्य और मूरत ही रह गयी उस भवन में,
मैं कैसे रह पाती झूठी लक्ष्मी बन वहाँ,
स्त्री और प्रेम का सम्मान नहीं जहाँ...
वो व्यक्ति अब भी नुक्कड़ पे रुक बुदबुदाता है,
और कितने जन्मों से कर रही भूल को दोहराता है,
पर जहाँ स्त्री और प्रेम का सम्मान होता है,
वहाँ वैसे भी कुछ कमी का ना भान होता है,
मेरा क्या है, मैं तो रोज़ यूँ हीं गली गली घूमती हूँ,
आडम्बर रहित सच्चा प्रेम मिले तो ख़ुशी से झूमती हूँ...

राही तू तो राही है, इतना सामान क्यूँ ढोता है

राही तू तो राही है, इतना समान क्यूँ ढोता है,
करता चल हल्का समान, जो कठिन यात्रा हो आसान,
कुछ सीख ले, कुछ सीख दे, कुछ प्रेम कर, कुछ मान दे,
नश्वर काया से ध्यान हटा, कुछ आत्मज्ञान पर ध्यान दे,
अपने पैदा होने को, कुछ तो तू सम्मान दे,
ये मेरा है, ये तेरा है, क्यूँ ध्यान भटकता तेरा है,
मेरा बिस्तर, मेरा भवन, मेरे कपड़े, मेरा चमन,
और अन्त समय जब आया तो, चिता संग सब हुआ हवन,
अब मन को तू कुछ साफ़ कर, क्यूँ कपड़ों का गट्ठर धोता है,
राही तू तो राही है, इतना सामान क्यूँ ढोता है...

उसका ही है, ये खिला चमन, उसकी धरती, उसका गगन,
तू तो केवल राही एक, तू हो प्रसन्न और कर भ्रमण,
आँखों से उसकी रचना का रस, पी-पी के तू हो मगन,
इस योग्य यदि समझा तुझे, और किया तुझे उसने चयन,
जो भोग सकेगा सुन्दर माया, कर इसी बाद पे उसे नमन,
क्यूँ राह से हीरा पन्ना बीन, अपनी नींद को खोता है,
राही तू तो राही है, इतना सामान क्यूँ ढोता है...

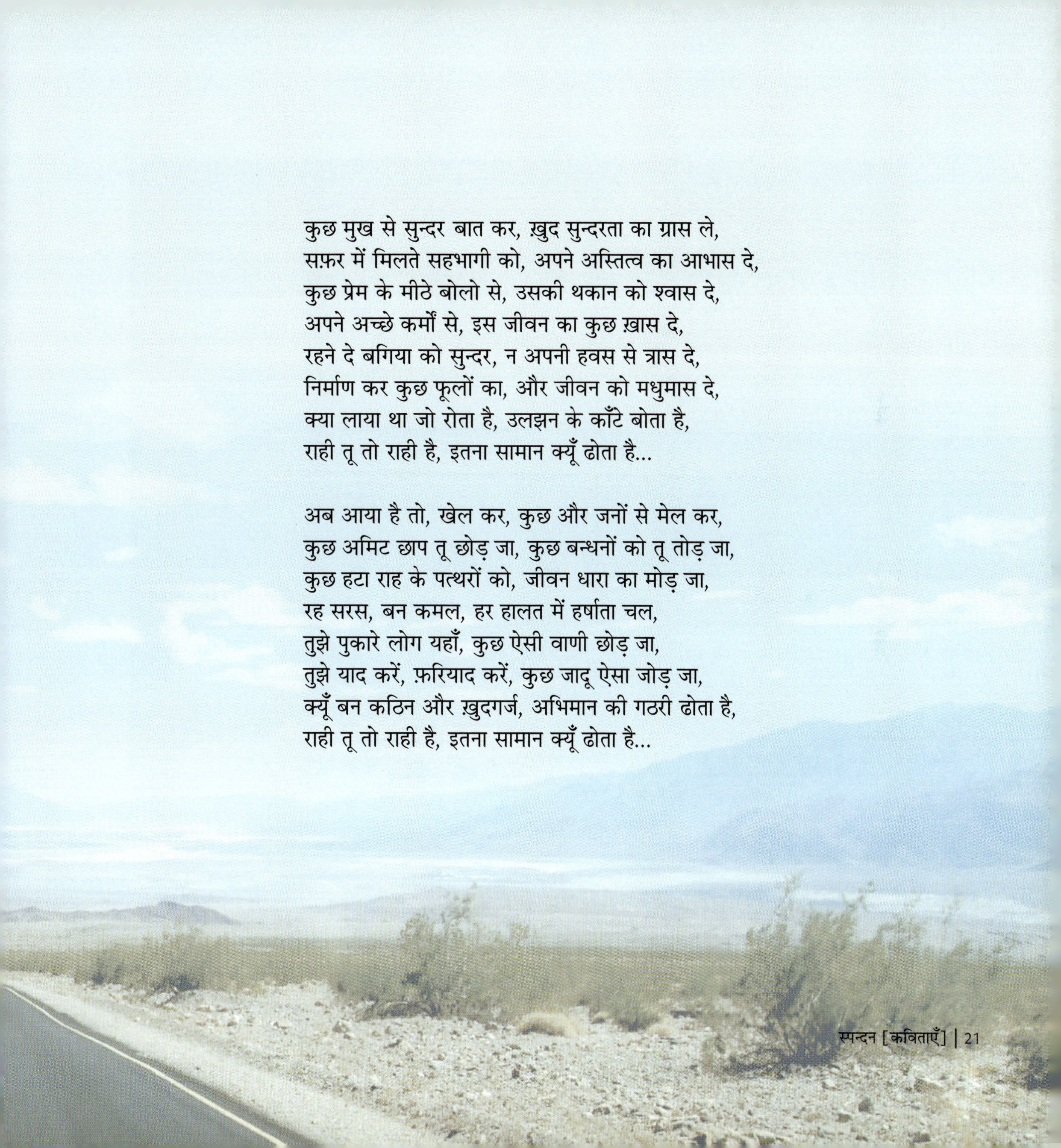

कुछ मुख से सुन्दर बात कर, ख़ुद सुन्दरता का ग्रास ले,
सफ़र में मिलते सहभागी को, अपने अस्तित्व का आभास दे,
कुछ प्रेम के मीठे बोलो से, उसकी थकान को श्वास दे,
अपने अच्छे कर्मों से, इस जीवन का कुछ ख़ास दे,
रहने दे बगिया को सुन्दर, न अपनी हवस से त्रास दे,
निर्माण कर कुछ फूलों का, और जीवन को मधुमास दे,
क्या लाया था जो रोता है, उलझन के काँटे बोता है,
राही तू तो राही है, इतना सामान क्यूँ ढोता है...

अब आया है तो, खेल कर, कुछ और जनों से मेल कर,
कुछ अमिट छाप तू छोड़ जा, कुछ बन्धनों को तू तोड़ जा,
कुछ हटा राह के पत्थरों को, जीवन धारा का मोड़ जा,
रह सरस, बन कमल, हर हालत में हर्षाता चल,
तुझे पुकारे लोग यहाँ, कुछ ऐसी वाणी छोड़ जा,
तुझे याद करें, फ़रियाद करें, कुछ जादू ऐसा जोड़ जा,
क्यूँ बन कठिन और ख़ुदगर्ज, अभिमान की गठरी ढोता है,
राही तू तो राही है, इतना सामान क्यूँ ढोता है...

चित्र : दीपा स्वामीनाथन

अन्तिम चरण

इस रंगबिरंगी दुनिया में,
दृष्टि की मानूँ, या दिल की सुनूँ,
इस दुनिया में रहूँ, या स्वप्न बुनूँ,
जीवन का सही अर्थ कही,
कुछ भी तो स्पष्ट नही,
जहाँ मीठे हैं आशा के घूँट,
वहाँ कुछ कड़वे हैं सत्य अटूट,
इस पल वो हैं, नहीं हैं इस पल,
कल तक थे जीवित, आज अचल...

कहाँ खो गए प्रिय हमारे,
कैसे जाने कहाँ पुकारे,
मन बैचैन, हृदय अधीर,
अनगिनत प्रश्नों की भीड़,
नयन निरन्तर रहे हैं भीग,
हमसे बिछड़े, क्या हो ठीक,
कुछ तो तुम संदेशा देते,
ख़ुश जो तुम, हम भी न रोते,
किसी जतन ये राज़ तो खोलो,
सपनों में ही आ के बोलो...

क्या है सत्य, क्यूँ हूँ मैं भ्रमित,
न आने वाले कल को, क्यूँ हूँ चिन्तित,
झूठ लगे ये जीवन सारा,
जब अन्तिम चरण मृत्यु हमारा,
फिर क्या सही और गलत है क्या,
क्या अभिमान और अपमान भी क्या,
क्या तुझपे ज्यादा क्या मुझपे कम,
क्यों व्यर्थ की चिन्ता करते हैं हम,
क्या मेरा धर्म, क्या तेरी ज़ात
न तेरी बात, न मेरी बात,
जब अन्तिम चरण में आएँगे,
सब अन्तर मिट जायेंगे...

दुनिया की भूलभुलैया में,
बस अटक भटक तू चलता चल,
राह मिले यदि ख़ुशी प्रेम तो,
कर धन्यवाद और जीता चल,
हैं बाकि सब दुनिया के खेल,
कर वही ख़त्म ये लेन-देन,
क्यूँकि जब अन्तिम चरण में आएँगे,
यूँ भी सब अन्तर मिट जाएँगे
जब अन्तिम चरण में आएँगे,
सब अन्तर मिट जाएँगे...

You can look up to me...

You may not see me, but I am always there,
Beside you, around you, with you, in you,
Whenever you are in need, indeed
You can look up to me...

As I am the creator, and lover of my creation,
When you rebel, I love the righteousness,
When you insist, I love the courage,
When you pacify, I love the endurance,
You are my art, so close to my heart,
I look up to you...

When you feel shattered, I give strength,
Then love, when you rise up again,
When you are ashamed, I too feel low,
So let this feeling immediately go,
When you cry, it's painful to me,
When you smile, most beautiful sight to see,
As I am the creator, and lover of my creation,
You are my art, so close to my heart,
I look up to you...

You came into being with the gifts of choice
I equipped you with the wisdom and the voice,
Pain, grief, pride and sorrows are mere words,

Purpose is greater, life is not curse,
As I am the creator, and lover of my creation,
You are my art, so close to my heart,
I look up to you…

Sometime my art fades with passing time,
I retouch, color, and give a new shine,
I have the brush I have the colors,
I am the ultimate giver, not others,
How can they give, who themselves are in need,
They have nothing, mere words to utter,
Look up to me, demand, I am bound to abide,
Ask 'Me' whenever you feel right,
As you are my creation, I am your side,
I look up to you….

Life is the game of, hide and seek,
Sometimes you are gregarious, sometimes meek,
Let loose feel free, and play the way, you wish to be,
Together we experience, whatever may it be,
You may not see me, but I am always there,
Beside you, around you, with you, in you,
Whenever you are in need, indeed
You can look up to me…

चित्र : ज्योति सिंघला

Bubble...

In the midst of my existence,
I have my own ego bubble,
My inflated intelligence,
my messiness and rubble,
I watch around curiously,
Judging and comparing,
It gives me a vanity,
Sometimes insanity,
Round and round I fly
I struggle to keep it tie
on a bigger round planet,
as if I am not going to die
then I pause, I chuckle
my being like a bubble
is nothing but a chance
so why take such trouble
and why not just dance
I mumble, I crumble
All within my bubble
be happy and be part
before the final depart
the bubbles will merge
for the newest to emerge
on the earth, the bigger bubble
I have my very own ego bubble...

चित्र : दीपा स्वामीनाथन

मुखौटे

जीने के लिए दुनिया की इज़ाजत हो ज़रूरी जैसे
थक चले है लोग पर दिखावट ज़रूरी हो जैसे
मुस्कराहटों के ओढ़ लिए है मुखौटे अब ऐसे
गर सच कह दिया जैसे, तो सबूत न माँग बैठे,
अब तक के जीने का हिसाब न माँग बैठे,
जब तक हँसती रही यकीन था लोगों को मुझ पर
दर्द छलका ज़रा तो इल्ज़ाम लगा कर सौ मुझ पर,
ख़ुद के दामन की पाकीज़गी का एहतेराम माँग बैठे...

परिधि चक्र

टूटे पंख

सौ अधूरी चाहते, पिछले जनम का साथ,
सौ चुनी है मैंने ख़ुद, जो जी सकूँ मैं आज,
हर चाहत पे, हर हसरत पे
माँगी थी 'उसने' (ईश्वर) एक तार मेरे पंख की,
और यूँ ही होती गयी, खर्च हर बार,
एक तार, मेरे पंख की;
फिर भी घटती नहीं हैं चाहतें मेरी
थमती नहीं बेपरवाही और नादानियाँ मेरी,
न जाने कब, दबे पाँव धीरे-धीरे,
बनी हैं चाहते, बेड़ियाँ पाँवों की मेरी,
इन्ही तारों ने फिर जकड़ा है, आत्मा और अस्तित्व को मेरे;
कमज़ोर हुए है पंख मेरे अब,
पंखों का सन्तुलन गया है बिगड़,
उड़ने की कोशिश,
और धरा पे जाती हूँ गिर,
बीनती हूँ, चुनती हूँ, समेटती हूँ फिर,
अभिमान कभी, विश्वास कभी और ध्यान कभी,
अब बैठे बैठे खोला, उधेड़ा करती हूँ,
इन तारों को आत्मा के ऊपर से,
शायद कर सकूँ, मरम्मत इन पंखों की फिर से...

चित्र : स्नेहा देव

बेटी

बेटी हूँ मैं बँटी हुई-सी,
सामाजिक नियमों से बँधी हुई सी,
परिवार मेरा है, अब भी वो,
फिर अधिकार अधूरे क्यों,
दर्द हुआ था कम क्या, माँ को,
मेरे पैदा होने पर,
उसने नहीं उठाया गोदी,
हर बार मेरे क्या रोने पर,
पाला-पोसा उसने मुझको,
फिर क्यूँ आ गयी दूरी सी,
शादी का सुखमय बन्धन,
लगे मुझे मजबूरी-सी,
कर्तव्यों पे डटी हूँ हर पल,
सौ हिस्सों में कटी हुई-सी,
बेटी हूँ मैं, बँटी हुई सी...

जो कभी थी बेहद सुन्दर सबल,
हो चली अब बूढ़ी निर्बल,
चाह कर भी पास नहीं मैं,
दुःख में उनके साथ नहीं मैं,
दर्द में उनके मेरी अब,
क्यूँ कर कोई बाँट नहीं अब,
मन में आते जाते द्वन्द,
आँखों में अश्रु बन ठहरे,
बने शब्द तो, सदा है उठते,
अनगिनत प्रश्नों के है पहरे,
आगे जुड़ी हैं प्रबल कड़िया,
पीछे वालों को लग रही जंग,
नियमों की लटकी हैं लड़िया,
रिश्तों की गालियाँ हैं तंग,
सौ हिस्सों में कटी हुई सी,
बेटी हूँ मैं, बँटी हुई सी...

समझदार

खल जाता है मुझे अक्सर मेरा समझदार होना
छल जाता है मुझे अक्सर मेरा समझदार होना
ले लेती हूँ उनका स्वार्थीपन मैं नादानी समझ
झेल जाती हूँ अनादर अपने प्रेम का ये समझ
कि उन्हें खबर नही इसके मोल की
दिख जाता है मुझे उनके मन का डर
अपने प्रेम की चादर में समेट लेती हूँ उन्हें तब
कभी ख़ुशी से, कभी बड़प्पन से तो कभी मज़बूरी से
छन सी चली है चादर, थक चली हूँ इसके बोझ से
कि मैं भी नादान होना चाहती हूँ अब
किसी और चादर में छुप सोना चाहती हूँ अब...

मोम का दिल

मोम का सा दिल लिये जीवन की धूप में
कब तक संजों पाती अपना स्वरूप मैं
लोगों की भीड़ है मौक़ा परस्त
मोम देखने लगा अब होके तटस्थ
साँचे में ढालने के अनन्त प्रयास
न ढल पाये तो जला ही दो फिर
बह जाने दो इसको पिघला ही दो फिर
मोम के ऊपर बजरी की परत-सी है अब
अन्दर का पता नहीं ऊपर खुरदरी-सी सब
दुनिया से कुछ नये नाम मिले तब
बेरुखी, बेपरवाह, मतलबी, उदासीन
क्या फर्क पड़ता है उसके अन्तर्मन को अब
आखिर पलस्तर भी ज़रुरी है घावों के भरने तक।

चित्र : श्रद्धा बोस

मौन

सहज कहा था स्वयं को धोखा देना,
फिर भी न जाने करती रही क्यूँ कोशिश,
बाँध कर आँखों पर एक कपड़े की पट्टी,
जैसे पैरों के नीचे हो बस एक रस्सी की डोर,
पैरों को साधते हुए इस ओर से उस ओर,
कुछ जिज्ञासा, कुछ कशिश, कुछ चाहत,
कुछ ख़ुद को चुनौतियों में डालने की आदत,
एक तुम तक पहुँचने की हठ को लिए,
किये कितने रास्ते बन्द और कितने अनदेखे,
उस ओर तक पहुँचने तक आशाओं के,
चेहरों पे लाली के साथ आ मिली धूल भी,
तुम्हारी छवि के पीछे दिखी इक लम्बी कतार,
अपेक्षाओं की और लोगों की, तुम अकेले थे कहाँ?
प्रेम के साथ तब घुल गयी जैसे परिक्षाएँ अनगिनत,
तेरे प्रेम की परिभाषाएँ थी इतनी मिश्रित,
मेरी प्रेम परिभाषा ने रख लिया फिर मौन,
अब कभी-कभी ये परिभाषा मुझसे पूछती है,
"तू चीज थी क्या और अब है कौन"?
मैं आज भी मौन, मैं अब भी मौन...

दरमियाँ

कुछ लम्हें ताज़ी हवा से, बस छूकर चले गए है,
कुछ रह गए है बन कर हसरते, बोझिल पलकों के तले,
कुछ अटके पड़े है घड़ी की सुइयों में, उलझ कर,
कुछ लिपटे है लम्हें आज भी, दुपट्टे में खुशबुओं से,
कुछ बन गए है लफ्ज़ हमारी किताब के,
कुछ चलते है साथ–साथ, मेरे साएँ की तरह...
ढूँढ़ते है शायद ये सभी, मुक्कदर अपना–अपना,
कि वह भी बनना चाहते हैं, उन लम्हों की तरह,
जो थे खूबसूरत बेहद, और दिलकश बेइन्तेहाँ,
जो ढल चुके हैं, बदल चुके हैं रेशमी चादर की सलवटों में,
और छोड़ गए हैं अपनी निशानी मेरी आखों के लाल डोरों में...
रहेगा फिर से इन्तज़ार उस तस्सब्बुर का, उन लम्हों का हमें,
जब मिटेंगे फिर से फासले सभी, हमारे और उनके दरमियाँ
तब तक यूँ ही बदलेंगे करवटे और रहेंगे बेचैन ये लम्हें...
कि यूँ ही बीनेंगे–चुनेंगे, फासले के कंकड़ों को हम,
कि यही है किस्मत हमारी, और मुक्कदर इनका...
कि और भी है ज़िन्दगी में वादे, निभाने के लिए,
हमारे और उनके दरमियाँ, आने के लिए...
कि और भी है ज़िन्दगी में वादे, निभाने के लिए,
और हमारे और उनके दरमियाँ, आने के लिए...

तेरा होना या ना होना

जब खामोशियाँ भी दिल की चाहत के पहुँचने का सबब बनने लगें
तो तुझे रिश्तों में बाँधने की ज़रूरत किसे और क्यूँ हो भला,

कभी हवा जो मेरी ज़ुल्फ़ को लहरा दे और तेरे छूने का अहसास हो,
तो तेरा होना या न होना कहाँ मेरी जुस्तजु को हिला सकेगा भला,

ये ऊपर से जीने वाली दुनियाँ और उनकी नज़रों के नीचे ही कहीं,
बसर करती है मेरी मोहब्बत, अब मेरे सुकूँ को क्या हिला सकेंगे ये भला...

तपस्या

तू बनी मील का पत्थर, देखती रही उनको,
जो बढ़ते रहे ले कर तुझसे, दिशा का अनुमान,
तेरे होने पर भी, न था आभास तेरे होने का,
तुझे भी न थी जैसे, प्रतीक्षा किसी धन्यवाद की,
क्यूँकि पहुँच जाएँ मंजिल तक वो,
उनकी ख़ुशी थी, तेरी ख़ुशी...

तू बनी रही मिट्टी जड़ों की, वो चढ़ते रहे परवान,
कभी प्रेम लगा सिंचाई में, और कभी अरमान,
तू खड़ी रही रसोई में, पर चलता रहा जहान,
ना अहसास है तेरे होने का, न प्रतीक्षा धन्यवाद की,
क्यूँकि उनकी ख़ुशी थी, तेरी ख़ुशी...

वो उड़ते रहे पतंग बन, खुली हवा, खुला आसमान,
तुम थमी रही धरती पे, चरखी और माँझा बन,
वो रहे आते जाते,
तू खोलती और करती रही बन्द दरवाज़े,
ना अहसास है तेरे होने का, न प्रतिक्षा धन्यवाद की,
क्यूँकि उनकी ख़ुशी थी, तेरी ख़ुशी...

पूछा इक दिन मैंने जब, कैसे कर पाती हो सब,
मुँह से कोई आह नहीं, क्या तेरी कोई चाह नहीं,
संयम धीरज बाकी सब पे, क्या विश्वास तेरा है सच,
कहती है, क्या पता मुझे, कुछ तो होगा यकीन उसे,
जो चुना मुझे उसने है तो, सही गलत अब जाने वो,
जो उसने दिया, मैंने जिया, उसकी रज़ा मैं मेरी रज़ा...

सब अपनी जगह सही, सब अपनी जगह बुलन्द है,
न की तूने कोई हठ कभी, न कोई चुभन है,
पर जीवन को ऐसे जीना, क्या किसी तपस्या से कम है,
जीवन को ऐसे जीना, क्या किसी तपस्या से कम है...

ख्वाबों के तारे

तारों जैसे दूर चमकते थे वो
मेरी पहुँच से दूर लगते थे वो
दिखते थें वो रोज़ मुझे
जी करता थोड़ा उचक कर
देखूँ शायद हाथ पहुँच जाएँ
और नहीं तो खींच कर उन्हें
थोड़ा पास ही कर लूँ अपने
क्या पता मेरी छूने की कोशिश से
वो पिघल जाए और मेरी तरफ
शायद ख़ुद ही चले आएँ वों
कोशिश की थीं कई बार मैंने
पर ज़मीन से पैर उठें तो
डर गयी थीं, पैर लड़खड़ाए तो
लगा कही ज़मीं भी न छूट जाएँ,
तब लगा कोई साथी होता
मेरी इस कोशिश में भागी होता
भले न करता मेरे ख़्वाबों पे यकीं वो
बस सिर्फ़ थोड़ा सहारा ही देता
कहता मुझसे की पकड़ के रखी है ज़मी तेरी,
तू तारों को छूने की हसरत पूरी तो कर,
न कर पाएँ तो भी कोई बात नही
तेरा हाथ और ज़मी पकड़ी है मैंने,

अभी भी रोज़ चमकते है ख़्वाबों के तारे,
पर अब मैं मूँद लेती हूँ आँखें,
और नाकाम कोशिश करती हूँ उन्हें नकारने की,
पर फिर भी बन्द पलकों पे अक्सर
झिलमिलाती रोशनी बेचैन कर
जाती है मुझे, ज़मीं से क्या जुड़ी मैं,
कि ख़ुद मिट्टी हो चली हूँ मैं!
कि ख़ुद मिट्टी हो चली हूँ मैं!

चित्र : श्रद्धा बोस

दायरे

क्या कहें, कि ख़ुद ही उबर न पाते है अपने ही गुबारों से,
क्या न कहें, कि कोई आहट ना हो जाये, मेरी अपनी ही आहों से,
ये मेरी अपनी है चाहतें, कोई और क्यूँ ओढ़े सिर पर,
ये मेरी अपनी है उलझनें, किसी और से क्यूँ माँगे फ़ुर्सत,
कि वो भी तो है हमारे जैसे इंसान ही आख़िर,
कि वो भी सिमटे है, अपनी ही दुनिया के दायरों में कहीं...

उलाहना है तो उसको, जो बैठा है ऊपर आराम से,
और हिलाता डुलाता है डोरियाँ हम कठपुतलियों की,
यदि बाँधा है, हाथों और पैरों को डोरी से,
तो बाँधा क्यूँ नहीं इस मन को भी डोरी से
दिए हैं नयन तो चिड़ियों को उड़ता देखेंगे ही,
किन्तु लगाके पंख मेरे मन पे उसने,
मन को किया है कैद मेरे तन में उसने...

सुना है तुम तो हो अनन्त, और नहीं हैं दायरे तुम्हारे,
तो क्यूँ नहीं किसी दिन पास आ जाते हमारे,
कि बाँधू तुम्हे भी तो डोरियों से कभी,
कि तुम भी तो देखो दुनियाँ, खिड़कियों से कभी,
और हम बनें हवा और लहराए यहाँ वहाँ,
और हम बनें हवा और लहराए यहाँ वहाँ...

चित्र : स्नेहा देव

वेदना

दो शब्द प्यार के सही समय पे,
काश जो तुम कह पाते,
''मैं समझता हूँ प्रिये''
हृदय से कह के,
काश हृदय से तुम लग जाते...
कुछ शब्द ही तो थे,
क्या कठिन समय से,
अधिक कठिन थे ?...

दो शब्द प्यार के सही समय पे,
काश जो तुम कह पाते,
न भीगती वेदना मेरी, अनवरित हो,
रिमझिम बारिश की फुहार से,
प्रेम मिलन की बन जाती बहार वो
यूँ बनी अविरल आँसुओं की धार जो,
तब सम्भवतः...

घुमड़ते स्वछन्द बादल होते,
घुटते मन में गुबार न होते,
लगी चोट फिर भर ही जाती,
गहरे हो फिर घाव न होते,
शब्दों में मिठास न सही,
तीखे तानों के वार न होते,
गरिमा रहती रिश्तों में तब,
रिश्तों के तिरस्कार न होते,

दो शब्दों की विहीनता से,
कितने ही पल हीन हो गये,
कितने गुज़रे बिना अर्थ के,
कितने ही मलीन हो गये,
सूनापन, उपेक्षित मन ऐसे,
अस्तित्व की सार्थकता पर जैसे,
उठाता सैकड़ों प्रश्न हो जैसे,

दो शब्द प्यार के सही समय पर,
काश जो तुम कह पाते
''मैं समझता हूँ प्रिये''
हृदय से कह के,
काश हृदय से तुम लग जाते...

चित्र : स्नेहा देव

The darkness

This limitedness in bright sunlight
it robes the ability to see the scars of the darkness,
behind the close doors, curtained windows,
the saddest death of the hope,
blinded eyes does not know,
what happens in the darkness,
too ashamed to show bruises on her faith,
she covers them with a smile or veil on the eyes,
life struggles to breathe and heal,
gathering the shattered beliefs,
slowly to strengthen enough ..
and finally to be break free
from limitedness to limitlessness…

मेरा स्रोत

मिश्री की डली *

खुला नए परिचय से इक नया पन्ना,
गर्वित भी और अचम्भित भी मैं,
स्वप्न हो या मेरे प्यार का जीता प्रमाण,
या शायद मेरे अस्तित्व का अगला पड़ाव हो,
नयी चाहतों की खिड़की खुली थी,
जब तुमसे मिली थी,
जब तुमसे मिली थी...

छोटी मासूम इक मिश्री की डली-सी,
हल्के गुलाबी रंग की नन्ही कली-सी,
दूध में नहाई थी या धूप में,
इतनी हल्की-फुलकी जैसे कपास में तुली थी,
हवाओं में जैसे ख़ुशबू घुली थी,
जब तुमसे मिली थी,
जब तुमसे मिली थी...

वो सोते हुए तुम धीमे से मुस्काई जब,
तुम्हें काजल की इक बिन्दी लगाई तब,
छुआ तुम्हें तो ममता बही झर-झर,
और उन पलों में, मैं हुई ईश्वर,
आस्था मेरी फिर उस पे बढ़ी थी,
जब तुमसे मिली थी,
जब तुमसे मिली थी...

कल जिन्दगी के भँवर में शायद,
खो भी जाये ये पल तो क्या,
आज की ये ख़ुशी और ये अहसास,
रहे सदा मुझे और तुम्हे याद,
इसलिए कविता की ये माला बुनी थी,
जब तुमसे मिली थी,
जब तुमसे मिली थी...

जानती हूँ बड़ी हो जाओगी तुम इक दिन,
और शायद समझ न पाओ इस कविता की धुन,
पर यक़ीं है कि जब भी गुजरोगी इस राह से तुम,
तो समझोगी इस माला की इक इक मोती का गुन,
यूँ जीवन से जीवन की जुड़ी इक कड़ी थी,
जब तुम से मिली थी,
जब तुम से मिली थी...

*पहली सन्तान के जन्म पर

चित्र : दीपा स्वामीनाथन

प्यारी माँ

काश तुम थोड़ा और ठहर जाती
काश मैं कुछ पहले समझ पाती
काश न निभाई होती फ़िजूल की
सामाजिक रस्में मैंने और
काश तुमने भी हर बार न समझ कर
मेरी परिस्थिति को, थोड़ा ज़िद कर
मुझे बुलाया होता,
तुम तो बड़ी थी, पता तो होगा तुमको
कि तुम्हारे बाद तुम्हारा ख़्याल जब-जब आयेगा
न जाने कितनी खोयी लमहों की टीस,
और यादों को उबार के लाएगा ...
लो आज भी तुमसे बहस कर ली मैंने
फिर एक बार ख़ुद की कमी को नकार
तुम से रुठ, तुमसे शिकायत कर ली मैंने
जहाँ भी होगी, आज भी हँस दोगी तुम
और मेरी नादानियों को अपने आँचल में
प्यार से समेट लोगी तुम...
फिर भी काश तुम थोड़ा और ठहर जाती
मैं कुछ और पहले तेरे होने को समझ पाती...

बाबूजी

कभी था स्तम्भ एक गर्वित सा, जो जीवन पथ पर डटा हुआ,
हर एक पल जिसके जीवन का, था संघर्ष से भरा हुआ,
फिर भी दिखा न हमें कभी उसके माथे कोई मलाल,
या समय नहीं था रुकने का, जो उठा सके कोई सवाल,
अनजाने ही में ये सब उसने सिखा दिया था हमको भी,
तो क्या मलाल और क्या सवाल, शब्दावली में यह थे ही नहीं...

सब जग उसने घूम लिया, पर जुड़ा रहा सदा धरती से,
वो गहरी साँस सदा उसने आ के ली, अपने ही घर में,
सुनाये क़िस्से सब जग के हमें, और कहा हमें तुम भी जाना,
पर सिखा दिया बातों बातों ही, ना कोई जगह अपने घर सी,
नहीं ख़ुद पर कुछ भी खर्च किया, कुछ मिला भी तो बाँट दिया,
आवश्यकता और इच्छाओं के अन्तर का हमें अनुमान दिया,
इच्छा शक्ति की प्रबलता का कुछ फिर हमको ज्ञान दिया,
हाँ करा दिया अनुमान तो इतना, कि पढ़ लेंगे तो उड़ लेंगे,
और ध्यान धरेंगे, प्रीत करेंगे, चाहेंगे तो कर लेंगे,

धीरज से क्या हो सकता है, यह हमें उन्ही ने सिखलाया,
मज़बूत बने हम अन्दर से, यह सबक उन्ही ने पढ़वाया,
वह खड़े रहे छाया बन कर, और हमें कहा तुम चले चलो,
हम देख रहे हैं तुम्हें सदा, जब धूप लगे तब आ जाना,
और बैठ हमारी छाया में, तुम जीवन कुछ सिखा जाना...

अब जीवन संध्या है उनकी, और चलना-फिरना दूभर है,
फिर भी ख़ुश हैं देख हमें, की हम तो उड़ते फिरते हैं,
पर रखते हैं हम पंख उन्हीं के, यह सदा है याद हमें,
और आज भी जीवन में धूप बढ़े तो, उन्हीं की तरफ हम मुड़ते हैं,
अब शब्दों के मोहताज नहीं, हम मौन को समझा करते हैं,
बाबूजी आप लाख रहे खामोश तो क्या, हम एकाकीपन पढ़ते हैं...

हम दूर सही मजबूर सही, पर दिल से बिलकुल दूर नहीं,
यह सुन्दर जीवन हमें दिया, आभार के लिए अब शब्द नहीं,
सदा छाया आपकी साथ रहे, और सर पर आपका हाथ रहे,
दिन रात प्रभु से हम अपने, बस इसी की माला जपते है...
बस इसी की माला जपते है...

छोटी बहन

कभी बनी मैं उसकी आदर्श, तो कभी राह का रोड़ा,
प्यार बहुत है आपस में पर, कभी गुस्सा भी थोड़ा-थोड़ा...
कभी लगती है तीखी मिर्ची, कभी मरहम-सी शीतल,
पक्का है पर जीवन तुम संग, चाट चटपटी हर पल...
कभी किया तुमने मुझको कॉपी, कभी थी होड़ा-होड़ी,
मुझसे आगे निकल जाने की, कभी यूँ ज़िद थी थोड़ी...

बाँटी ख़बरे सारे जग की तो, कपड़े भी बाँटे थे,
मिलकर कभी कभी कुछ कपड़े, जनपथ से भी छाँटे थे...
कपड़े, गहने, चूड़ी, चप्पल और कुछ राज़ भी गहरे,
साथ दिया कभी सही गलत में, और तोड़े थे पहरे..
डाँट पड़ी पर मुँह ना खोला, तुम कितनी थी प्यारी,
पर मौका मिलते ही धमकी देकर, मेरी पॉकिट मारी...

प्यारी थी तुम तब भी कितनी, बस प्यारी बन के रहना,
कभी-कभी उपदेशों को मेरे, सुनके चुप रह, सहना..
गुड्डे गुड़िया, घर-घर और ना जाने कितने खेल,
हाहा हीही हूहू के स्वर, खाते हैं सब तुमसे मेल...
खेलते लड़ते कब बचपन छूटा, आभास हुआ ना आहट,
ब्याह हुआ, नया संसार हुआ, और मिली नयी चाहत,

बीता समय अहसास हुआ, टूटा था इक सुन्दर क़िस्सा,
सहेली थी वो बहन मेरी, दूर हुआ था दिल का हिस्सा,
किससे दिल की बात कहे अब, यूँ सारे भ्रम थे टूटे,

अब कौन कहेगा तुम हो सच्ची, और बाकी सब झूठे,
मेरे दुःख में थी तुम सहमी, ख़ुश मैं थी तब तुम भी चहकी,
कौन गलती पर भी अपनाएगा, समझा के फिर गले लगाएगा...

धीरे-धीरे समय है बीता, अब भीड़-भाड़ मे,
ननद सास में, बच्चों में गुम यूँ रहते हैं,
और बैठ अकेले चैन से बतियाने का अवसर ढूँढा करते है...
उसी भीड़ में मैंने अक्सर, तुम्हें झाँकते देखा है,
यूँ हीं दूर से गहरी नजरों से, मुझे मापते देखा है...
कभी मेरी गहरी ठंडी साँस के पीछे छुपे द्वन्द को,
तो कभी सुनहरी और गुलाबी गालों की लाली के स्वछन्द को,
कहाँ लगा रही मैं पैबन्द, और कहाँ लगाया टाँका है
तुमने हरदम मेरी बहन, सही सही ही आँका है...

मौन पढ़ सके, अनकहा समझ सके,
ये गुण तुममें पाया है
गहन धूप में तेरा होना, जैसे पेड़ की छाया है
यूँ लिखती रही तो ख़तम न होगी,
ये बहनों की प्रेम कथा,
अब बचपन की यादों की,
वादों की कर डालेंगे एक सभा...
प्यार सहित,
तुम्हारी दीदी स्नेहा

चित्र : दीपा स्वामीनाथन

मम्मी

ममत्व भरा अस्तित्व तुम्हारा,
हम टुकड़े, तुम जीवन सारा,
टुकड़े-टुकड़े, तिनके बिखरे,
जबसे छूटा हाथ तुम्हारा,
मम्मी कहाँ चली गयी तुम...

अनजाने से डर के घेरे,
अक्सर रहते संग ये मेरे,
तेरे बल पर, जो रिश्ते थे दृढ,
हो न जाएँ वो छिन्न-भिन्न,
मम्मी कहाँ चली गयी तुम...

बदला बदला अर्थ है सारा,
उचित अनुचित के भार ने मारा,
जो अब तक था अधिकार हमारा,
बस अब है, कर्तव्यों की धुँध,
मम्मी कहाँ चली गयी तुम...

कहाँ रही स्वछन्द उड़ान अब,
कौन दिखाए दिशा मुझे अब,
सूना है अब रैन बसेरा,
खालीपन छाया है गहरा,
मम्मी कहाँ चली गयी तुम...

काश इक बार गले लग पाती,
अर्न्तमन की बात सुनाती,
कुछ और तेरे सपने चुन पाती,
कोशिश कर खुशियाँ बुन पाती,
बातें अनकही हो चली हैं गुम,
मम्मी कहाँ चली गयी तुम,
मम्मी कहाँ चली गयी तुम...

प्रेम नगर

आलिंगन तेरा

जैसे तपती हुई धूप में चलते ढूँढ रही थी छाँव ज़रा,
तू उड़ता हुआ इक ठंडी हवा का जैसे आया रोला-सा,

भीड़ भरी इस दुनियाँ में जब रोज़ सफ़र मैं करती हूँ,
शाम ढले फिर तेरा आना, इक छोटा घर सलोना-सा,

रिमझिम गिरती बारिश से जो भीगा-सा एक रस्ता है
तू दूर मगर इक बरगद नीचे थोड़ा सूखा कोना-सा,

संग सभी, मन फिर भी खाली ढूँढे जाने किसको ये,
आलिंगन में आते ही फिर, नींद को मिले बिछौना-सा,

मैं दुनिया में, तू मेरी दुनिया, रोज़-रोज़ का जोड़-तोड़,
आते ही आलिंगन में तेरे, हिसाब हुआ फिर बौना-सा,

पीतल के से सब अहसास, आलिगंन तेरा बस स्वर्णिम ये,
तू मुझमें और मैं तुझमें जब, जैसे स्वप्न ने पहना चोला-सा...

चित्र : ज्योति सिंघला

जीवन संगिनी

लाया था एक दिन तुम्हें, पत्नी बना के मैं,
रिश्तों के अर्थ से था अनभिज्ञ,
गहराइयों का न था भान,
बस निकल चला अपेक्षाओं भरे सफर पर,
सम्भवत: तुम्हारी भी हो कुछ अपेक्षाएँ मुझसे,
उन्हें जानने बूझने के बोध से, पर रहा विहीन मैं,
इस पुरुष प्रधान समाज ने,
आखिर ज्ञात ही कब होने दिया मुझे,
जो समझ पाता प्रेम, त्याग, कोमल हृदय और तुझे,
तुम तो थी बस मेरी, अचल सम्पत्ति-सी,
जब आज्ञाकारिणी सी, तुम मेरा अनुसरण करती,
स्वत: चाल मेरी में, भर जाती अभिमानी गति सी...
दिन बरस यूँ हीं व्यतीत होते हुए,
आखिर आ ही गया है अनुभूति का समय,
अस्पताल की शैय्या पर जब, आज देखा है तुम्हें निर्बल,
सहस्त्रों पल परछाइयों से, टहल रहे नयन पटल,
मन को झकजोर रहीं हैं, बातें अनगिनत अनकहीं ,
जो कह न पायी तुमसे, अभिमानी जिव्हां मेरी,
आज गिर रही है अविरल धारा अश्रु बन,
बदला ले रही हो जैसे, आक्रोश में मुझसे,
क्या मैं योग्य भी था ? इतने कभी तेरे प्रेम के,
कि करती रही तुम हर सम्भव कर्म संगिनी बनके,
मन में द्वन्द है आते जाते, करते जाते उथल पुथल,
वर्षों से सींचा प्रेमस्थल, न बन जाये अब वो मरुस्थल,
अथाह रिक्त सा घर आँगन, फुलवारी अब कैसे सजे,
तुम्हे खोने के भय ने आज, दिया है तुम्हारा परिचय...
सवेरा हो या संध्या, अब तपती दोपहर,
हर श्वाँस तेरे बिन, जैसे बनी हो कहर,
जो भी बचा अब समय प्रिया,
करता हूँ प्रण, वो तुम्हें दिया,
एक बार कहा फिर, तुम सुन लो,
एक बार मुझे तुम, फिर चुन लो,
एक बार प्रेम से फिर पुकार दो,
पतझड़ बेला को तुम बहार दो,
तुम्हीं प्रेयसी, तुम्हीं मन मोहिनी,
संग चलो, ओ जीवन संगिनी,
संग चलो, ओ जीवन संगिनी...

तेरी सोहबत

तेरी सोहबत की फ़िराक़ में, है हर वक़्त चाहत मेरी,
तेरी नज़दीकियों के ख्वावों से, बोझिल है पलकें मेरी...
ये हरदम भागती दुनिया, जिन्दगी और उसकी साझेदारी,
है शामिल तेरी मसरुफ़ियत में, मेरे दिल की भी भागीदारी...
तू मज़बूत से दिखने वाले, इस तस्सवुर पे ना जा मेरी,
कि तहों में इसके छिपा बैठा है, खालीपन और उदासी मेरी...
यूँ तो की है कोशिश, कई बार बहलाने की ख़ुद को ऐसे,
पर हर कोशिश ने तेरी कमी को और बरक्कत दी हो जैसे...
तोलने लगी हूँ अक्सर अब मैं, चीजों को आसपास,
ना जाने क्यूँ सब हल्की और बेमानी हुई है आज...
तेरा इश्क़ ही मेरी ताक़त, तेरा इश्क़ मेरी कमज़ोरी है,
मेरी इन्तेहाँ तड़प जैसे, धड़कन की मजबूरी है...
मैं हूँ तो यहाँ, पर फिर भी नहीं हूँ,
क्या तुम हो जहाँ, मैं भी वही हूँ?...
ढूँढने लगी हूँ अक्सर, अब ख़ुद को मैं,
कि ढूँढते हुए तुझे, मैं ख़ुद ही खोने लगी हूँ...
माना कि सारी दुनियाँ को, मोहब्बत है तुझसे,
पर मेरी मोहब्बत और दुनियाँ, सभी तुझी से...
ये ख़ास लम्हें ज़िन्दगी के, ना आम हो जाये,
आ जाओ बाहों में, ना ज़िन्दगी की शाम हो जाये...
क्यूँकि,
तेरी सोहबत की फ़िराक़ में, है हर वक़्त चाहत मेरी,
तेरी नज़दीकियों के ख्वाबों से, बोझिल है पलकें मेरी...

कितनी है मोहब्बत मुझसे...

पैमाना एक हो तो बताएँ भी,
यकीं पर हो यकीं तो दिलाये भी...
जो भी रहे हो बहाने दूरी के,
न मिल पाने की मजबूरी के...
काश कोई वक़्त तो हमारा होता,
जब ख़्याल ना आया तुम्हारा होता...
उस अकेली चाय के हर घूँट में,
सर्दी की गुनगुनाती अलसायी धूप में...
बेवजह खिड़की से झाँकती आँखों में,
धीमे से चलती हुई घड़ी के काँटो में...
गली के छोर से वापस आती हुई मेरी आस में,
इन्तजार खत्म न होने वाली मेरी ठंडी साँस में...
चादर पे फैली हुई सलवटों में,
रतजगे में शामिल हुई करवटों में...
देखके तुम्हें बढ़ी हुई धड़कनों में,
फिर नाराज़गी से पड़ी माथे के बलों में...
किन पलों में और कहाँ नहीं थे
जब जब नहीं थे, तब भी तुम्ही थे...
क्यूँ ना तुम ही आज मेरे इश्क़ का हिसाब कर लो,
और अपने खाते के लिए भी एक किताब कर लो...क्यूँकि...
पैमाना एक हो तो बताएँ भी,
यकीं पर हो यकीं तो दिलाये भी,
यकीं पर हो यकीं तो दिलाये भी...

चित्र : ज्योति सिंघला

वो मैं न थी

यौवन भरा था प्याला, हर लचक पर छलकता हुआ,
तुम राह से गुज़रे, और सराबोर हो गए,
बस इक लम्हा था, या करम उसका,
वो खूबसूरत इत्तिफाक था,
वो मैं न थी...

छलिया था वो, प्रेम के धागों से उसने,
बाँध लिया पलो को मेरे, और मैं बँधती गयी,
वो मेरी बेबसी थी,
वो मैं न थी...

रुपहली जादुई थी रोशनी, नए रास्ते, बढ़ती गयी,
न जाने कब मुड़ी थी, ढूँढने को घर मेरा,
सड़क नहीं थी वहाँ,
बस मेरी नादानियाँ थी,
वो मैं न थी...

कभी इसी बेबसी के दौर में, कभी नादानियों के शोर में,
कदम-कदम पे फिर भी पाया है, तुझे मेरे इन्तजार में,
वो दिख रहे हैं, जो किनारे मुझे,
वो थी तेरी ही हमनशीं और इश्क़ शायद,
वो मैं न थी, वो मैं न थी...

चित्र : स्नेहा देव

चलो जानम

चलो जाना चले एक बार फिर से उन किनारों पर,
शुरु हुआ था जहाँ से तेरे मेरे इश्क़ का सफ़र,
फिर से छू ले उन धुँधले हुए अहसासों को,
चले तन्हाइयों में फिर, तन्हाईयाँ मिटाने को...
याद है हमें वो तेरा हमसे टकराना,
और फिर नज़रों का नज़रों में उलझ जाना,
और फिर मेरा उलझन में पड़ जाना,
कि हमने ज्यादा पढ़ लिया या,
तुमने वाकई में नज़रों से कुछ कहा,
वो फिर से तुझे भीड़ में तलाश करना,
और फिर से तेरी नज़रों को पढ़ना...
ये दिल की धड़कन लड़खड़ाने लगी तब,
वो दिल की जुबाँ समझ आने लगी जब,
बहुत खूबसूरत थी वो जुबाँ और उसके वो अहसास,
और यूँ सिलसिले मोहब्बतों के शुरु हुए उसके बाद,
याद आते है वो पल और वो दिन आज भी,
और गुनगुना जाते है कानों में एक धुन आज भी...
वो यूँ ही बेवजह झरोखे पर खड़े होना,
वो समय बेसमय ख़्यालों में खोना,
ठहर गयी थी वो अनजानी मुस्कान होठों पर,
और दे जाती थी गैरों को हमारे इश्क़ की खबर,
मैं हैरां, कि कैसे जाना उन्होंने राज़ ये गहरा,
वो धीमी मुस्कराहटों से, ख़ुद ही तो पता था दिया...
कुछ बदला था मौसम उन दिनों,
या फिर हम बदलने लगे थे,
कि ज़मीं से कुछ ऊपर हमारे कदम चलने लगे थे,
न परेशाँ करती, न चुभती थी नज़रे ज़माने की,
क्यूँकि था मालूम हमें कि, वो हमसे जलने लगे थे,
हमें क्या लेना और क्या देना था उनसे वैसे भी,
हम तो ख़ुद अपनी ही दुनिया में पलने लगे थे...
चलो जानम की बैठे उस किनारे गीली रेत पर फिर से,
और नजर-अन्दाज करे नसीहतें ज़माने की हम फिर से,
फिर से छूले उन धुँधले हुए अहसासों को,
चले तन्हाइयों में फिर, तन्हाईयाँ मिटाने को,
चले तन्हाइयों में फिर, तन्हाईयाँ मिटाने को...

चित्र : ज्योति सिंघला

प्रेयसी बनाम पत्नी

वो भोली-भाली इक लड़की,
जो सोचती थी,
कि पत्नी बन कर ही
प्रेयसी बन पाएगी,
दो अलग-अलग ज़रुरतों को,
वो शिद्दत से निभायेगी,
शुरुआत तो की उसने,
और कोशिश भी,
पर प्रेमी जिसे समझी थी,
उसने ही कर्तव्यों का भान दिला,
बाँध दिया कभी ममतत्व में,
और झाँक दिया चूल्हे-चौकों में,
अपेक्षाओं के बोझ से चरमराती वह,
कभी सास ससुर की सेवा में,
कभी बच्चों की चीं-चां में,
कब भूली सपने अपने,
और कब अपना बचपन भूली ज्ञात नहीं,
बस प्रतीक्षा करती रही,
उस प्रेमी की जो,
जो स्वप्न बन कर रह गया...
प्रेम की अभिलाषा क्या
सिर्फ़ पुरुष का अधिकार है... ??
काश कभी तो झाँकता वो,
उस के और अपने अन्तर्मन में...
तब शायद पा जाता वो,
उस प्रेयसी को घर में...

चित्र : स्नेहा देव

True seeker

Goddess of Love, I am easy to find
Need a longing and purity in your eye
As I am meant to be loved
In my fullness I wait longingly
seeking a true seeker
to make me feel worthy
of my being…to be one with me
to fulfill my fulfillment,
I do not come to stay forever
As long it lasts you may revere
The harshness of life drifts me away
Like dew drops in the morning
dries out with harsh sun ray…
What makes my heart sing and sway
is longing in your eyes, a prolonged gaze
A burning desire, the wholeness in a kiss
The warmth of your hug, in a sensuous way
A mix of uncertainty yet anticipation,
Creating an innocence, a mystic smile
on the corner of your lips
melts my heart away…
Relish me then I am here
I am now, I may not be there
I am like that glimpse of rainbow
that needs a beautiful weather
Don't lose focus then or I will change
As the time will go so will the weather
Rejuvenate me…fascinate me rather
With fading hopes sometimes I cry
I am drying, I may die…
In my fullness I wait longingly
seeking a true seeker
I am Love, I am easy to find
Need a longing and purity in your eye…

गूँज

याद के साये

लम्हा-लम्हा, पलछिन-पलछिन
गुजर गए हैं, एक दिन दो दिन
धुआँ-धुआँ हैं, याद के साये
ये दिन वो दिन, वो दिन ये दिन,
अब भी अक्सर आते-जाते,
उड़ते-फिरते, आवारा से,
बादल के छिछोरे गुब्बार,
अनचाहे ही ज़िद्दी बन के,
छू के करें ठिठोली मन से,
बन बन बारिश की बौछार...

महक उड़ा सौंधी मिट्टी की,
जगा गए हैं, अतृप्त प्यास,
जीने को आतुर,
मन फिर से व्याकुल,
प्रतीक्षारत जैसे फिर से आस...

लम्हा-लम्हा, पलछिन-पलछिन
गुज़र गए हैं, एक दिन दो दिन
धुआँ-धुआँ हैं, याद के साये
ये दिन वो दिन, वो दिन ये दिन

यादों का सन्दूक

भटके से अटके से, खड़े हैं हम,
हमारे ही स्टोर रूम में,
भूल गए हैं कि क्या लेने आये थे,
क्यूँकि खुल गया अनजाने ही हमसे,
इक पुराना हमारा ही सन्दूक,
और बिखर गयी हैं कितनी ही,
यादें और सपनों की गांठे,
कुछ भूली हुई और कुछ जानकर बिसारी यादें,
कभी हुआ करती थी जो जान से प्यारी यादें...
इक पुराना प्यार भरा ख़त, इक चाँदी की टूटी पायल,
इक किताब से झाँकता है, गुलाब का सूखा फूल,
खोला किताब को तो मिला इक पन्ना वो,
भरा हुआ था किसी के नाम से जो,
मुस्करा दिए हम वो नाम पढ़कर फिर,
और याद आ गये अल्हड़ नादानियों के दिन,
कुछ मतलब नहीं था जिन बातों का यूँ,
फिर भी ख़ुशी दिया करते थे क्यूँ...
इक दीदी से रो-रोकर छीनी धानी चुनरिया,
इक आधी अधूरी कढ़ी हुई घघरिया,
इक पुरानी धूमिल-सी तस्वीर मिली है,
जिसमे दो अंजान से लगते चेहरों पे मुस्कान खिली है,
हाथो में हाथ लिए इक सहेली थी और थे हम,
दिल में इक मीठी-सी टीस गयी थी तब थम,
याद न आया कब बिछड़े थे उससे वो समय,
कहाँ होगी कैसी होगी, क्यूँ नहीं मालूम हमें,
क्यूँ भूल गए बचपन की उस प्यारी-सी सहेली को हम,
जिसने दी खुशियाँ इतनी और कहकहे हर दम,
समय की धुंध में शायद हुआ था पता उसका गुम...
इक माँ का दिया ताबीज़, और बाबा का इक पुराना पेन,
सब कितने ज़रुरी थे, ये कोई और कैसे जानता,
दे सके कबाड़ी को ये सब, ये दिल कैसे मानता,
इसलिए बढ़े आगे हम और...
सोचा चलो फिर से समेट लेते है,
किसी का क्या जाता है, थोड़ी-सी जगह ही तो लेते है...
थोड़ी-सी जगह ही तो लेते है...

बचपन, दोस्त और यादें

जाने वो क्या है जो अभी भी जुड़ा है...
और खीच लाता है अक्सर... इस रास्ते पर मुझे,
ठहर जाता हूँ... बैठता हूँ कुछ देर अकेला,
कुछ लेने साँसे ज्यादा, कुछ करने यादें ताज़ा,
बन्द हुई इन आँखों में भी,
दिखती है तस्वीरें चलचित्र की तरह...
इक बॉल हवा में लहराती, और हम सब उसके पीछे,
कूदते हुए उस बारिश के खड़े पानी में,
और कभी खेलते पानी की टंकी के नीचे,
न परवाह है कि कपड़ों में लगेंगे दाग,
बस बॉल के पीछे भागम भाग,
चलो आउट करो सबको जल्दी-जल्दी,
कि बजने वाली है पीरियड शुरु होने की घंटी...
आज भी है वहाँ, कुछ मंज़र वैसा ही,
नहीं हैं तो बस, कुछ दोस्त हमारे ही,
बुलाते है समोसे आज भी कैंटीन के उनको,
समय ले गया है दूर उड़ा के जिनको,
दिल में है आज भी उनके निशां, कोई बताये तो सही,
बस गए है दूर बहुत जो, कोई कहीं कोई कहीं...
कभी तो मिलती होगी फुर्सत, कभी तो आते होंगे वो पल
याद आता ही होगा वो पुराना स्कूल और गुज़रा हुआ कल,
कितनी भोली और मासूम-सी थी तब सूरतें हमारी,
ना जाने क्यूँ बड़ा होना चाहते थे तब हम
पढ़ाई लगती थी मुश्किल और भविष्य लगता था आसान,
ये होंगे सिलसिले उलटे, ना जानते थे तब हम...
चलो अब समय के पहिये को किसने है रोका,
हम भी ढूँढ ही लेंगे खुशियों का मौका,
हँसेंगे ज़ी भर के, और जियेंगे बेफिक्री के वो पल,
दिल को करेंगे फिर से जवाँ, सूरतें चाहे गयी हो बदल,
करेगें ख़बर सबको और करेगें यूनियन फिर से,
और मना लेंगे इक फुटबॉल मैच को फिर से,
मना लेंगे इक फुटबॉल मैच को फिर से,...

चित्र : श्रद्धा बोस

व्याकुल

ये दिल में भारीपन कुछ गहरा सा क्यूँ है,
पल पल सरकता वक़्त कुछ ठहरा सा क्यूँ है,
क्यूँ आस की पकड़ लगी मध्यम सी आज,
क्यूँ धीमा सा है स्वर, कम साज़ की आवाज़,
भरे भरे से बादल, हवा भी है बोझिल,
नमी भरे से नैना, छलकने को है व्याकुल,
वो फिर भी कुछ कमी सी रह जाती हो यूँ अक्सर,
कि करके सब जतन अब बैठी हूँ मैं थककर,
अब रह गया है जो भी, रह जाने दो उसे,
जब है धरा में मिलना, बह जाने दो इसे,
कुछ नए की तलाश इस अन्तर्मन को फिर
नए रंगों का आकाश इस मधुबन में हो फिर...

उड़ान

ऐ जिन्दगी

कैसी लगाई है होड़ ऐ ज़िन्दगी तूने मुझसे
कि दो क़दम अक्सर रह जाती हूँ पीछे तुझसे...
भरमा के उलझा के मुझे कही जाती हो छुप
कभी तो बैठ मेरे पास सब्र से कुछ देर चुप...
तेरे ही दिए काम तो सिमटाएँ है मैंने
जिसमें यादों के कुछ लमहें भी छिपाए है मैंने...
कि ख़त्म होने को है इम्तहान और फ़र्ज़ मेरे
किश्तों की अदायत, और जीने के क़र्ज़ मेरे...
मैंने दी है दावत तितलियों और फूलों को आज
कि लेती आना रंगों और ख़ुशबूयों को साथ...
हवा भी रुख बदलेगी आएगी अब मेरी ओर
की खोल दी है मैंने बँधी हुई ज़ुल्फों की डोर...
अब उमंग और ख़ुशियों से सजावट होगी,
मेरी गलियों में सिर्फ़ इश्क़ की आहट होगी...
गुनगुनी धूप में बजते हुए नग़मे हों शायद
सितारों भरी शाम में नींद की ख़ुशामद होगी...
ऐ ज़िन्दगी थोड़ा-सा तो ठहर,
थक गए हैं पाँव जो, लगाने दे पंखों को मेरे,
कि कर लूँ फ़ासले कम आते हुए पलों से मेरे...
ऐ ज़िन्दगी पलट के देख, मुड़ के आ तो सही
कि आँगन भर के मेरा प्यार से कर ले दोस्ती नयी...

चित्र : दीपा स्वामीनाथन

डियर सोनू निगम

कृष्ण से सीखा होगा हुनर तूने,
सुरों को जो बनाया है माध्यम,
अब कर लेते हो मनमानी और
घुसपैठ मेरे जेहन में अक्सर,
हम तुम्हें चाहने पर मजबूर,
और तुम हमें जानों भी ना,
कब्ज़ा किया जो दिलोदिमाग़ पर,
तो कुछ तो हिसाबदारी हो,
कुछ पल तो हो तेरे जेहन में मेरे,
किसी तरह तो साझेदारी हो,
तुम हो कृष्ण की हठधर्मिता से,
और मैं गोपियों की कहानी-सी,
झूमती हूँ मैं मगन और,
तुम बाँसुरी की मनमानी सी...

बाते मोहब्बतों की

न करो बातें मोहब्बतों की अब,
कि ज़ख्म न छिड़ जाए कोई,
आँखों में न भर जाएँ नमी फिर,
दर्द न कम हो जाएँ कहीं...

एक मीठे दर्द का है ज़रिया वो,
कुछ ज़ख्म रह गये थे खुले जो,
न जाने कब बन गए हिस्सा मेरा वो
आख़िर थे तेरी यादों का किस्सा जो...

कैसे करती भी उन्हें खुद से जुदा मैं,
कि वाकिफ़ थी अहसासें तन्हाइयों से,
तू बोझ न लेना बेवज़ह कोई खुद पर,
की जोड़े रखता है ये बोझ मुझे तुझसे...

कुछ तो होगी कमी मेरी शिद्दत में
या किस्मत में मेरी, कोई तो होगा श्राप,
कि पा सके न तुझे हम,
इतनी मोहब्बत के भी बाद...

शिकवा नही कोई, न है कोई गिला अब,
ज़िन्दगी में एक ठहर है शामिल पर,
न करो बातें मोहब्बतों की अब,
कि ज़ख्म न छिड़ जाए कोई,
आँखों में न भर जाएँ नमी फिर,
दर्द न कम हो जाएँ कहीं...

रूह से रूह तक

उड़ते फिरते बेफिक्र आवारा बादल घनघोर लगते हो,
बेअदब मुसाफिर से चले आते हो यूँ सपनों में फिर,
छेड़छाड़ करते हो सुकूँ से मेरे, तुम रुह के चोर लगते हो...

रूबरू हो तुमसे, तुम्हें छू के क्यूँ बनाऊ कोई रिश्ता मैं,
रहने दे करम तेरी नज़दीकियों का मेरे ख्वाबों में यूँ ही,
रूह से रूह तक के सफ़र, यूँ भी बहुत खूब लगते है...

जिस्म के होने से सिमट सकते है रास्ते तेरी गलियों के
कि कहाँ फुरसत मुझे, और अक्ल उन्हें जो समझा सकूँ,
वो मेरे जुनूँ को समझने की क़ाबलियत से दूर लगते है...

कि सुन सकूँ तेरी खामोशियों में भी किसी तूफाँ का शोर,
ये तासीर, ये मोहब्बत, ये हुनर खुशनसीबों को मिलते है
सुना है मैंने कि रूहानी सफ़र अक्सर सदियों तक चलते है...
सदियों तक चलते है...

चित्र : ज्योति सिंघला

रंग बहार

ठंडी बयार, होली है आयी, मस्ती, उल्लास अपने संग लायी,
दृश्य सुहाना छाया हरसू, मस्ती ऐसी गहराई,
एक रंग में रंगे सभी हैं, न कोई ज्यादा न कोई कम,
सस्ते कपड़े सब बाहर, महँगे सब अलमारी बन्द,
ढोल, नगाड़ों की ध्वनि ने, किया सभी को मस्त मलंग,
एक-एक को पकड़-पकड़ के, रंग लगाओ और करो हुड़दंग,
एक बरस में, एक ही बार, मिला है अवसर, खोने को होश,
यूँ भी आपा धापी जीवन की, जीना है तुझको रोज़-रोज़,
तो करके खिड़की बन्द, दिमाग की, मन के तू दरवाज़े खोल,
ढोल बजा के, रंग उड़ा के, होली आयी होली बोल...
पीला, नीला, हरा, गुलाबी सभी सजे हैं मेरे अंग,
पर सबसे गाढ़ा, सबसे न्यारा पिया तेरी आँखों का रंग,
भिंगो रहा है मन को ऐसे, पिया मेरी चोली के संग,
महकी, लहकी, गिरती, बहकी, जैसे कोई कटी पतंग,
सबने सोचा नशा चढ़ा है, खा ली है जो थोड़ी भंग,
नाचूँ गाऊँ होली में मैं, क्यूँ तोड़ूँ मैं उनका भ्रम,
आज न कोई लाज शरम है, पिया मिला जो तेरा संग,
तो नाच नाच के, लिपट लिपट मैं नाचूँ खाऊँ चक्कर गोल,
ढोल बजा के, रंग उड़ा के, होली आयी होली बोल...
घुलमिल के बन गया खेल, जीवन का हर इक रंग यहाँ,
सखी सहेली, लोग यार है, बस प्रेम प्यार है आज यहाँ,
सुन्दरता और प्रेम का मिश्रण, क्या होगा अब इसका मोल,
ढोल बजा कर, रंग उड़ा कर, होली आयी होली बोल...

तपिश

यूँ बचाते रहें रुह को ज़िन्दगी की तपिश से हम,
कि बन्द करते रहें छोटे-छोटे झरोखे दिल के हम,
करते रहें इन्तज़ार मौसम के बदलने का,
लू के थमने का, और बारिश के आने का,
अब जो खिड़कियाँ खोली है तो,
तो दरवाज़े जाम हुए लगते हैं,
जो लुभाते थे कभी मौसम मुझे,
वो अजनबी और आम लगते हैं...
न ग़ुरुर रह गया है मेरी चाल में,
न सुरूर अब है मेरी निग़ाह में,
न जाने मौसम बदला है या मेरी नज़र,
ये सब बदले हुए वक़्त के काम लगते है...

बारिश

टिप टिप बूँदे, धीरे धीरे,
भिगो चली है मन को मेरे,
बन्द खिड़कियाँ, खुलीं हैं आज,
श्वाँसों की बुझ रही है प्यास
पवन उड़ाती गेसू ऐसे,
प्रेरित उड़ान को करतीं जैसे,
खुली हथेली, बूँदों के कतरे,
तन शीतल, मन हुये हैं भँवरे
पंख फड़फड़ा, फिरे हैं ऐसे,
बादलों संग लगी, होड़ हो जैसे,
सीली सीली सी इक, महक हवा में,
अंगड़ाई ले जीवन, यूँ हुआ जवाँ हैं,
झर झर झर झर बरसते बादल,
पिया संग को, करे है आकुल,
धूमिल धरा का हुआ नहान,
उजला पावन, सब हुआ जहान,
फूल पेड़ सब घने घने,
झूम झूम सब हरे बने,
टिप टिप बूँदें, धीरे धीरे,
भिगो चली है मन को मेरे...

Credits

Deepa Swaminathan is an Artist, Designer and a Poetickled Seeker from Bangalore, India who likes to depict vibrant, thought provoking and positive dimensions of life through her works both in words and on canvas.

Jyoti Singhla, a Dubai based professional artist has mastered the art of Tanjore, oil, acrylic, mixed media and glass paintings. She also does Arabic Calligraphy using gold foil. A mother of two, she is an avid reader and music lover.

Shradha Bose is Sharjah based artist and entrepreneur. Besides painting as her hobby she also explores her love for ethnic and exquisite sarees, by the name 'Urban Drapes'

Sneha Dev

e-mail : spandan.kavitaye@gmail.com
instagram : spandan_by_sneha